Ideas Libre

Autor: Julio Cesar Mateo
Perez

Prologo

En este libro, el autor expresa con toda libertad, algunas ideas sobre variados temas, que han sido de interés en su momento y pueden servir de reflexión, para ayudarnos a ver el mundo de la mejor manera.

Índice

¿qué haremos con las chátaras?

Conforme a datos estadístico, dentro de cuarenta y dos años, no existirá el petróleo en el mundo. Eso significa que la industria mecanicamotriz, que utiliza este tipo de combustible y sus derivados, tendrás que ser modificada para usar otro tipo de combustible. El uso del gas natural como sustituto a corto plazo, parece ser la opción menos costosa y más viable para prolongar la vida de la industria mecanicamotriz.   El caso de la industria automotriz, la solución eléctrica con el uso de paneles solares es la solución definitiva a mediano y largo plazo, pero esa transformación debe hacerse paulatinamente, conforme se vaya desarrollando la nueva tecnología en la línea de producción y comercialización de sistemas de transporte colectivos en los países menos desarrollados. En el área de generación de energía, la transformación industrial está en proceso, remplazando los derivados del petróleo por gas natural. Esta es una solución de mediano plazo, porque la vida de existencia del gas natural en el mundo es de ciento cincuenta y seis años. El desarrollo de la tecnología eólica y solar en su máxima expresión tiene disponible cuatrocientos seis años de existencia que le quedan al carbón mineral. Aunque esta opción no es bien vista por los medios ambientalistas, la cruda realidad es que, por un largo tiempo, la generación de energía será sobre la base de esta tecnología, además de la generación hidroeléctrica. A medida que podamos ir remplazando las maquinarias industriales y del transporte existente, queda sin repuesta la siguiente pregunta ¿qué haremos con las chátaras? Porque es posible, que, para reducir el costo de transformación, sea necesario usar el mismo espacio ocupado por las plantas generadoras existentes. Dada la agresividad medioambiental a que ha estado sometido el planeta tierra, quizás no resulte tan alocada la idea de usar la luna como depósito de desechos no reciclable para salvar el planeta tierra.

Cuando la prueba es difícil

Todo ser humano, desde que nace inicia una lucha, primero por la supervivencia y luego por pequeñas y continuas metas, impuesta por el entorno que lo rodea. Por cada meta, tendrás que superar pruebas pequeñas y grandes, que se hacen gratificante en la medida en que son superadas. El caer y levantarse es la expresión de perseverar en el esfuerzo por continuar el camino trazado. Las mayorías de los inconvenientes que se oponen al alcance de nuestros objetivos, de una manera u otra, son compensado de forma equilibrada, como si la vida se comportara como un columpio de subir y bajar, al que estamos todos expuesto en el devenir de la vida. Todas estas son pruebas normales para la mayoría de los seres humanos al transitar por su ciclo de vida, pero ¿qué pasa cuando recibimos la notificación de un cáncer incurable y que tu corazón no funciona lo suficiente para permitir que sigas viviendo? ¿Cuál es la actitud que debe asumir frente a esta difícil prueba? Mucho se ha escrito Sobre la vida y la muerte, pero rara veces por los actores de la vivencia, para expresar sus sentimientos, dolores, materiales y espirituales. Para los que han tenido el privilegio de vivir la sexta década, la actitud que deben tener, es la de dar gracias a la vida, recordar de buena manera los buenos momentos, y ver como parte del paquete, los malos, incluyendo el diagnostico que define la jugada final de la partida de naipes que representa el juego de la vida. En lugar de llorar de tristeza, es preferible disfrutar el recuerdo de los momentos felices y usarlo como estímulo para recibir con dignidad la visita de la muerte. Para los cristianos no es una tarea difícil, si de verdad ha depositado su confianza de fe en Jesucristo como su redentor. Los no cristianos no pierden nada al intentar conocer esa experiencia, si se vieran en esa situación. No me cabe ninguna duda de que el ser humano, es una combinación perfecta de un cuerpo material, que no tiene ninguna utilidad si no lo acompaña el *sentimiento espiritual, que lo guía y lo hace único e incomparable.*

El precio del oro y el valor del agua.

Al ver en el periódico, la noticia, del descubrimiento de una mina de oro en la provincia de San Juan de la Maguana, mi ciudad natal, me salió una sonrisa, que a medida que continuaba leyendo, se fue convirtiendo en una mueca de espanto, terror y miedo, cuando se hacía el señalamiento, que la misma se encuentra, lado arriba de una de las presas. En mi cerebro apareció la idea, de que, por más oro que tenga esa mina, al final, se quedaría en manos de unos pocos aventureros, busca fortuna, posiblemente extranjeros y de algunos patriotas criollos, que adoran la acumulación de poder y riqueza. Mi cerebro no capta la idea, por la experiencia de las explotaciones mineras, que ese oro, vaya a beneficiar, a la mayoría del pueblo dominicano y mucho menos a mi compueblana. Explotar una mina de oro, en una zona donde se recauda agua, para una presa, habría que pensarlo, cuidadosamente analizarlo, para firme y contundentemente rechazarlo. Quise comparar las bondades del oro y del agua. La explotación del oro reduce el número de ricos y aumenta el número de pobres. La preservación de agua, prolonga la vida de los pobres y de los ricos. La explotación de oro, aumenta la vanidad de unos pocos y reduce la calidad de vida de muchos. Se alegará, que la explotación de la mina, generara empleo para algunos, el cual representara, un pedazo de pan o un trozo más en la mesa, por un corto tiempo, para luego sufrir de tristeza, por sentirse culpable, de contribuir, para que las futuras generaciones, murieran de sed. Si tuviéramos el privilegio, algún día, de ver a través de la transparencia del agua, el brillo alucinante del oro, sin dudas, que los disfrutaríamos todos, por igual, los ricos y los pobres. Preservemos el agua y olvidémonos del oro, para prolongar la vida de muchos y un lamento corto de unos pocos. Prefiero creer, que esta noticia, sea una distracción, para desviar la atención de algunos temas, que están en la agenda de una población, que cada día, se hace más beligerante, para que se le tome en cuenta su opinión. Hago un llamado a todos los Sanjuaneros y al pueblo dominicano en general, a rechazar con templanza de acero, La explotación minera en nuestra provincia. Creo que es el momento de ponernos los pantalones y ceñirnos el cinturón para gritar a viva voz, que no queremos ese dinero, que nos están vendiendo como espejo, para que un grupito de trepadores, oportunistas, arribista y ambiciosos, dispongan para provecho propios, de un activo propiedad de las presentes y futuras generaciones. Digámosle no. A las pretensiones aventureras, de quienes defienden la entrega pacifica del patrimonio minero del pueblo dominicano.

El ultimo Discípulo

El gran maestro cerró los ojos, levantó la cabeza y se quedó fijo en esa posición, como una estatua. Regresando su pensamiento al inicio de lo no existente, recordó su trabajo de la creación, revisó la correspondencia entre lo material y el espíritu de la divinidad. Hasta ese momento no había existido error, todo había salido perfecto conforme a la grandeza de lo supremo. Como si se tratara de una cinta cinematográfica, recordó la historia de la humanidad, desde la creación de Adán y Eva, hasta el último hombre nacido bajo el sol y vio que había error entre los hombres creados a su imagen y semejanza. El odio, el rencor, la envidia, la intriga y la ambición sin límites, contaminaron la pureza del corazón, iniciándose la lucha sin final, por la búsqueda de lo desconocido y lo prohibido. Dejo Dios, libre albedrio, y, para cada generación envió un elegido, para que les recordaran a los hombres su ley, con la virtud de conocer la debilidad de la riqueza, la gloria de la pobreza y la amargura miserable de lo que no tienen fe. Sacrifico Dios, los mejores de sus ciervos, para que pregonaran a los hombres la grandeza del amor y la fe de la verdad de su gloria. Dio inteligencia y poder a los hombres de todas las generaciones, para que dieran fe de su grandeza, y por ultimo sacrifico la forma humana de si mimo, atreves del sacrificio de su hijo, para que no pereciera la perfección de la existencia. Jesús el hijo del carpintero José, nacido por encargo de la encarnación del milagro del espíritu santo de dios, *fue el último y más imperecedero, de los discípulos del gran creador.*

Pueblo de luz y pueblo de sombra.

En el pueblo de luz, los ciudadanos van a la iglesia, Los niños van a la escuela, Los campesinos trabajan la tierra, los profesionales viven de su profesión, los comerciantes e industriales pagan sus impuestos, los funcionarios públicos son honestos, incluyendo militares y policías. Los senadores y diputados legislan para el pueblo, el gobierno y gobernados respetan las leyes. Este pueblo se parece mucho, al pueblo ideal, para lograr la existencia de una convivencia pacífica y feliz. En el pueblo de la sombra los ciudadano no tienen tiempo para ir a la iglesia, los niño no van a la escuela y trabaja en actividades de micro tráfico, los campesinos se desplazan a las ciudades, para construir cinturones de miseria, en las riberas de los ríos, los industriales, comerciantes y banqueros, fabrican , comercializan, financian artículos, que nadie ve ni le interesa, pero hacen grandes negocios, en complicidad con los funcionarios del gobiernos, para robarse el dinero del erario, que le pertenece a todo. Los funcionarios exhiben fortunas que no pueden justificar, los senadores y diputados legislan para su beneficio personal y no, a favor de la ciudadanía. Los narcotraficantes y corruptos son caballeros de traje fino y los ciudadanos honestos, son ridículos, envidiosos e incapaces de lograr tener fortuna fácil. La diferencia fundamental de estos dos pueblos, consiste en el pueblo de la Luz será cada día más ideal y el pueblo de la sombra cada día es más real, a menos, que, se produzca un empoderamiento del pueblo de la Luz, que representa la mayoría, para derrotar la práctica de los representantes del pueblo de la sombra.

Mundo material y el mundo espiritual.

En el principio era el verbo y el verbo era con Dios, y el verbo era Dios. (Juan 1.1). En él estaba la vida y la vida era la luz de los hombres. (Juan 1.4). Cuando estamos estacionados, viendo un programa de televisión, leyendo las noticias en la computadora, escuchando música en la radio o simplemente conversando por las noches, con nuestras familia o amistades y se apaga la luz, todos los equipos electrodomésticos, quedan intacto en su lugar, pero no funcionan, por la falta de energía. Aunque los equipos son diferentes, hay algo en común que le da la vida, ese algo es la luz. Cuando se va la luz, se va la vida de estos equipos materiales, pero los seres humanos seguimos funcionando, podemos continuar hablando o hacer otro tipo de actividad, porque esa energía material no nos afecta internamente. Para el mundo espiritual, los seres humanos funcionamos con otro tipo de luz, con la luz de la vida de los hombres, testimoniada por Juan. Cuando un ser humano muere, todos sus órganos están intactos en su cuerpo, pero no funcionan, porque le falta la luz de la vida. Esta luz es diferente a la luz, transformada por la ciencia. El hombre ha avanzado mucho tratando de remplazar la luz divina. La marca paso, que tengo implantado en mi pecho, ha sido una buena imitación de la luz divina, que ha funcionado, para prolongar mi existencia, pero ese mismo aparato no ha funcionado para otras personas, ni me prolongara la vida indefinidamente, aunque lo cambie en el tiempo que recomienda la ciencia. Todos los seres humanos al igual que los equipos materiales somos diferentes, lo único que tenemos en común es la luz de la vida, a la que estamos todos conectados, con una protección independiente para cada persona y hay un solo operador que la activa o la desactiva. Esa protección es Dios.

El debate de los Pendejos.

Hace más de un año, que en la prensa televisiva, radial, escrita en medios periodísticos y en las redes sociales, se nos quiere imponer un debate, que más que buscar solución, lógica y racional, al problema migratorio de extranjeros a nuestro territorio, busca la descalificación mutua, entre dos poderosos e influyentes sectores de opinión, que incita a la división de la sociedad dominicana, entre un sector de patriotas y un sector de traidores a la patria. Este debate que parecieras tener fundamento contradictorio justificable, de ambas partes, más que definir, en qué medida el problema afecta nuestra nación, lo que busca, es el protagonismo por controlar la opinión pública, para ser utilizada, con objetivo político de inclinar la balanza, en la lucha por el control del poder, en el venidero proceso electoral, previsto para el próximo año. Creo que promover el odio entre los sectores de opinión diferente, hace que se pierde la objetividad del debate. El pueblo debe estar claro, de cuáles son, sus derechos como nación y en qué medida la invasión de indocumentados extranjeros y, sobre todo, la invasión masiva de ciudadanos haitianos, distorsiona, el equilibrio demográfico, cultural, social, político y económico de nuestro país, sin que necesariamente seamos indiferentes al drama de pobreza y subdesarrollo, que está viviendo el pueblo de Haití. El drama de pobreza que vive el pueblo haitiano, no es el producto de una elección ciudadana de los haitianos, sino de la imposición de grandes naciones que, durante años, utilizaron su poder, en complicidad con sus gobernantes, para saquear inescrupulosamente, las riquezas, que, por ley de equidad natural, les correspondía a los ciudadanos haitianos. Esas grandes naciones, que exhiben su opulencia y grandeza con la arquitectura construida, con la madera de los frondosos bosques, que en su momento fueron orgullo de la vecina nación, están llamada moral y humanamente obligadas, a socorrer esta degradada nación, mediante la inversión racional, en la explotación de los recursos minero, que aun conservas, sobre la base de un plan de desarrollo, que permita mejorar la condición de vida de los ciudadanos haitianos, empleando reglas de juegos transparentes, que garanticen el retorno de la inversión y el progreso estructural de la nación haitiana. Una decisión como esta, daría un respiro a la republica dominicana, para que cuantiosos recursos, que, de manera solidaria, se invierte en la salud y educación de ciudadanos haitianos, sean dedicada a mejorar las condiciones de vida de los dominicanos que meno pueden. Someter al país a una pesadilla de temor, de una invasión, por parte de Haití, sin identificar los intereses de otras naciones, que podrían promover y respaldar esta acción, es una irracionalidad. Tratar de imponernos como una telenovela la lucha entre patriotas y traidores es un debate de pendejos.

Las ideas son inapresables.

Cuando se empieza a imponer la razón de la fuerza, es porque se está perdiendo la fuerza de la razón. Tratar de acallar la voz de un disidente, es el peor error que comete un presidente. El silencio obligado, es más contundente, que un discurso forzado. La competencia de las ideas, se compara con las gaviotas, porque para vencer hay que alcanzar la mayor altura. Los muros de la prisión podrían retener la movilidad física de un hombre, pero jamás podrán retener la certeza de sus ideas. Si quieres que tu adversario sea influyente, aprésalo injustamente. Si quieres que un hombre fortalezca su integridad, intenta injustamente privarlo de su libertad. Más libre es un preso inocente, que un abusador, con rango de presidente. Libertad para todos los presos por razones ideológicas, independientemente de la corriente que defienda.

Razonabilidad para la equidad.

Si detenemos por un momento, la agitada agenda a que estamos sometidos, por lograr nuestro medio de subsistencia, para revisar el comportamiento humano a través de la historia, fácilmente, podemos apreciar, que la causa fundamental del desarrollo de los diferentes modelos de dominación, se ha sustentado sobre la base, de la relación de desigualdad existente, entre los que controlar el poder y sus subordinados. Este tipo de relación de desigualdad, ha recibido diferentes nombres, conforme a realidades específicas y a situaciones concretas que marcaron diferencia en la condición de vida, entre los que de alguna forma tenían el control del poder y los que se han visto obligados a jugar el Papel de subordinados. El sistema esclavista, feudal y el capitalista tienen como característica común, que un sector minoritario imponía su dominio sobre un sector mayoritario, sobre la base de la creación de condiciones de marcados privilegios, entre los sectores dominantes y sus subordinados. Esta relación de desigualdad, dio lugar a la acumulación y concentración de riqueza, generadora de contradicciones, causante de guerras entre naciones y de luchas sociales, municipales y nacionales en diferentes países del globo terráqueo. Nuestro País no ha estado ajeno a esta evolución de la humanidad y eso quizás, pueda explicar la relación de inequidad entre el poder adquisitivo del que tiene el privilegio de alcanzar una cuota de poder y el que le corresponde el papel de ser simple ciudadanos o de subalterno laboral. Proclamar o demandar la igualdad del poder adquisitivo o de la riqueza que se genera en el país, es posible que no esté dentro de la razonabilidad, Pero pedir, reclamar, implorar y exigir una mayor equidad en la distribución de la riqueza, que se genera con el esfuerzo y sudor de todos los ciudadanos, es una obligación de cada hombre o mujer sensata. La revisión del fundamento de la estructura impositiva y la base de la estructura salarial de los trabajadores, tanto en el sector público, como el privado, para garantizar una mayor equidad y mejoría en la condición de vida de todos y cada uno de los dominicanos, debería estar en la agenda del actual gobierno y de los que aspiran a ocupar el palacio nacional. No es justa la escala individualista y auto valorado, con matices de irritantes privilegios de los funcionarios que ocupan una función pública, en detrimento de una gran mayoría que se ve obligada a sumergirse en el fondo profundo de la pobreza y la pobreza extrema. La Estructura salarial debe estar fundamentada a partir de un salario base mínimo, que garantice el pago de vivienda, canasta alimenticia, Salud y educación a cada familia dominicana y la escala salarial compensatoria por capacidad, experiencia y aporte extraordinario al proceso productivo, debe estar limitado a (n salarios mínimos), de tal manera que el monto total, se ajuste al monto estimado, de la capacidad productiva de Nación, y no sobre la base del uso de una *cadena de préstamos irresponsables, que pongan en peligro la estabilidad y soberanía nacional.*

Hoy quiero cantar.

Hoy quiero cantar, un canto sublime, potente y callado, que rompa el desatino, del mutismo enano, de un pueblo indefenso, que ha sido engeñado. Ese pueblo mío, no es muy diferente, de algunos lejanos, como el medio oriente. Este pueblo mío, no lo ha visto Gandhi, ni lo vio Mandela. No lo vio Guevara, ni madre Teresa. Hoy quiero cantar, un canto sencillo, que penetre el alma, de algunos Mangrinos, que ha vivido errante, como los fantasmas, invadiendo pueblos, valles y montañas, buscando el tesoro, que, en su madriguera, nos has reservado, nuestra madre tierra. Hoy quiero cantar, un conto bravío, que despierte el mundo, que ha estado dormido, para cantar juntos, con un solo grito, que queremos el agua, de mares y ríos. Hoy quiero cantarles, a soldados simples, que no usan misiles, bombas, ni metrallas, que no matan sueños, ni fe, ni esperanza. Hoy quiero cantar, un no, a más guerras, por cosas malditas, llenas de miserias. Quiero un mundo nuevo, de paz y alegría, de niños que canten bellas melodías. Hoy quiero cantar, lleno de alegría, para celebrar que

venga el mecía, a ver si se arregla
esta vida tuya, de ellas y la mía.
Quería ser humano, quería, pensar
bien, pero hay muchas cosas, que
no deben ser.